BIBLIOTHÈQUE
CHRÉTIENNE ET MORALE

APPROUVÉE

PAR MONSEIGNEUR L'ÉVÊQUE DE LIMOGES.

6ᵉ SÉRIE.

Tout exemplaire qui ne sera pas revêtu de notre griffe sera réputé contrefait et poursuivi conformément aux lois.

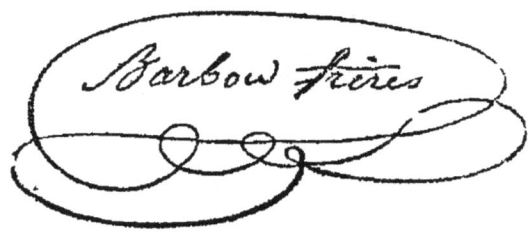

Curiosités Américaines.

CURIOSITÉS

AMÉRICAINES

OU

DESCRIPTION DES ANIMAUX, DES CHASSES,
DES DANSES, DES JEUX ET DES PLANTES

DU CANADA.

PAR ABEL DE CHALUSSET.

LIMOGES.
BARBOU FRÈRES, IMPRIMEURS-LIBRAIRES.

1859

CURIOSITÉS AMÉRICAINES.

I

QUADRUPÈDES.

LE CASTOR. — LE CASTOR-TERRIER. — LE RAT MUSQUÉ.

La première des curiosités du Canada, c'est le castor. La dépouille de cet animal a jusqu'à présent fourni à la Nouvelle-France le principal objet de son commerce. Il est par lui-même une des merveilles de la nature, et il peut être pour l'homme une grande leçon de prévoyance, d'industrie, d'adresse, et de constance dans le travail.

Le castor n'était pas inconnu en France avant la découverte de l'Amérique ; on trouve dans les anciens titres des chapeliers de Paris des règlements pour la fabrique des *chapeaux bièvres* : or bièvre et castor, c'est absolument le même animal, mais soit que le bièvre européen soit devenu extrêmement rare, ou que son poil n'eût pas la même bonté que celui du castor américain, on ne parle plus guère que de ce dernier ; je ne sache pas même qu'aucun auteur ait jamais parlé de cet animal, comme de quelque chose de curieux : peut-être que c'est faute de l'avoir observé de près ; peut-être aussi que les castors d'Europe font comme les *castors terriers*, dont je ferai bientôt connaître la différence d'avec les autres.

Quoiqu'il en soit, le castor du Canada est un quadrupède amphibie, qui ne peut pourtant pas rester long-temps dans l'eau, et qui peut absolument se passer d'y aller ; pourvu qu'il ait la commodité de se baigner quelquefois. Les plus grands castors ont un peu moins de quatre pieds sur quinze pouces de large d'une hanche à l'autre, et pesant soixante livres. La couleur de cet animal est différente, selon les différents climats où il se trouve. Dans les quartiers du nord les plus reculés, ils sont ordinairement tout-à-fait noirs, mais il s'y en rencontre quelquefois de blancs. Dans les pays plus tempérés ils sont bruns, et à mesure qu'ils avancent vers le sud, leur couleur s'éclaircit toujours de plus en plus. Chez les Illinois ils sont presque fauves ; on y en a même vu de couleur de paille. On a encore observé que, moins ils sont noirs, et moins ils sont fournis de poil, et que, par conséquent, leur dépouille est moins estimée. C'est un effet de la Providence, qui les garantit contre le froid, à mesure qu'ils y sont plus exposés. Leur poil est de deux sortes par tout le corps, excepté aux pattes, ou il n'y en a qu'un fort court. Le plus grand est long de huit à dix lignes, il va même jusqu'à deux pouces sur le dos, mais il diminue avec proportion jusqu'à la tête et jusqu'à la queue. Ce poil est rude, gros, luisant, et c'est celui qui donne la couleur à la bête. En le regardant avec le microscope, on en trouve le milieu moins opaque, ce qui prouve qu'il est creux; aussi n'en fait-on aucun usage. L'autre poil est un duvet très-fin, fort épais, long tout au plus d'un pouce, et c'est celui qu'on met en œuvre. On l'appelait autrefois en Europe *laine de Moscovie*. C'est là proprement l'habit de castor, le premier ne lui sert que d'ornement, et peut-être pour l'aider à nager.

On prétend que le castor vit quinze à vingt ans; que la femelle porte quatre mois, et que sa portée ordinaire est de quatre petits; quelques voyageurs en ont fait monter le nombre jusqu'à huit; mais je ne crois pas que cela arrive souvent. Elle a quatre mamelles, deux sur le grand pectoral, entre la seconde et la troisième des vraies côtes, et deux environ quatre doigts plus haut. Les muscles de cet animal sont extrêmement forts, et plus gros que ne semble comporter sa taille. Ses intestins sont, au contraire, très-délicats, ses os sont très-durs, et ses deux mâchoires, qui sont presque égales, ont une force extraordinaire ; chacune est garnie de dix dents, deux incisives et huit molaires. Les incisives supérieures ont deux pouces et demi de long, les inférieures en ont plus de trois, et suivent les courbures de la mâchoire, ce qui leur donne une force prodigieuse, qu'on admire toujours en de si petits animaux. On a remarqué encore que les deux mâchoires ne se répondent pas exactement, mais que les supérieures débordent en avant sur les inférieures, de sorte qu'elles se croisent comme les deux tranchants des ciseaux ; enfin que la longueur des unes et des autres est précisément le tiers de leurs racines.

La tête d'un castor est à peu près de la figure de celle d'un rat de montagne. Il a le museau un peu allongé, les yeux petits, les oreilles courtes, rondes, velues par dehors, sans poil en dedans. Ses jambes sont courtes, particulièrement celles de devant ; elles n'ont guère que quatre ou cinq pouces de long, et ressemblent assez à celles du blaireau. Les ongles en sont taillés de biais, et creux comme des plumes à écrire. Les pieds de derrière sont tous différents; ils sont plats, garnis de membranes entre les doigts ; ainsi le castor peut marcher, mais lentement, et nage avec la même facilité que tout animal aquatique. D'ailleurs, par sa queue il est tout-à-fait poisson. Les sauvages domiciliés gardent leur chair, après les avoir fait boucanner, c'est-à-dire sécher à la fumée; et je puis vous assurer que je ne connais rien de plus mauvais. Il faut même, quand on a du castor frais, lui donner un bouillon pour lui faire perdre un petit goût sauvage assez fade. Mais avec cette précaution, c'est un excellent mets. Il n'est point de viande plus légère, plus délicate, ni qui soit plus saine. On prétend même qu'elle est aussi nourrissante que celle du veau; bouillie, elle a besoin de quelque chose qui en relève le goût, mais quand elle a été mise à la broche, il ne lui faut rien.

Ce qu'il y a de plus remarquable dans la figure de cet amphibie, c'est sa queue. Elle est presque ovale, large de quatre pouces dans sa racine, de cinq dans son milieu, et de trois dans son extrémité ; je parle toujours des grands castors. Elle est épaisse d'un pouce, et longue d'un pied. Sa substance est une graisse ferme, ou un cartilage tendre, qui ressemble assez à la chair du marsouin, mais qui se durcit davantage, quand on la conserve long-temps. Elle est couverte d'une peau écailleuse, dont les écailles sont hexagones, ont une demie ligne d'épaisseur, sur trois ou quatre lignes de longueur, et sont appuyées les unes sur les autres comme toutes celles des poissons. Une pellicule très-délicate leur sert de fond, et elles y sont enchâssées de manière, qu'on peut aisément les en séparer après la mort de l'animal.

Un mot sur ce qu'on appelle le castor gras et le castor sec. Le castor sec est la peau de castor qui n'a servi à aucun usage ; le castor gras est celle qui a été portée par les sauvages, qui, après l'avoir bien grattée en dedans, et frottée avec la moëlle de certains animaux que je ne connais point, pour la rendre plus maniable, en cousent plusieurs ensemble, et en font une espèce de mante qu'on appelle robe, et de laquelle ils s'enveloppent, le poil en dedans. Ils ne la quittent en hiver ni le jour ni la nuit ; le grand poil tombe bientôt, le duvet reste et s'engraisse, et en cet état il est bien plus propre à être mis en œuvre par les chapeliers ; ils ne pourraient pas même employer le sec, s'ils n'y mêlaient un peu de gras. On prétend qu'il doit avoir été porté quinze ou dix-huit mois, pour être dans sa bonté. Je laisse à penser si, dans les commencements, on a été assez simple pour faire connaître aux sauvages que leurs vieilles hardes étaient une marchandise si précieuse. Mais on n'a pû leur cacher long-temps un secret de cette nature : il était confié à la cupidité, qui n'est jamais long-temps sans se trahir elle-même.

Voilà tout ce que les castors peuvent procurer d'avantages pour le commerce. Leur industrie, leur prévoyance, le concert et la subordination qu'on admire en eux, leur attention à se ménager des commodités dont on avait pas encore cru les brutes capables de sentir la douceur, fournissent à l'homme encore plus d'instructions que la fourmi, à laquelle l'écriture sainte renvoie les paresseux. Ils sont au moins parmi les quadrupèdes ce que les abeilles sont parmi les insectes volatilles. Je n'ai pas ouï dire à gens instruits qu'ils aient un roi ou une reine, et il n'est pas vrai que, quand ils travaillent en troupe, il y ait un chef qui commande et punit les paresseux; mais, par la vertu de cet instinct que donne aux animaux celui dont la Providence les gouverne, chacun sait ce qu'il doit faire, et tout se fait sans confusion, sans embarras, avec un ordre qu'on ne se lasse point d'admirer. Peut-être après tout n'en est-on si étonné que faute de remonter à cette intelligence suprême qui se sert de ces êtres dénués de raison, pour mieux faire éclater sa sagesse et sa puissance, et pour nous faire sentir que notre raison même est presque toujours, par notre présomption, la cause de nos égarements.

La première chose que font nos ingénieux amphibies, lorsqu'ils veulent se loger, c'est de s'assembler : vous dirai-je en tribu, ou en sociétés? ce sera tout ce que vous voudrez ; mais ils sont quelquefois trois ou quatre cents ensemble, formant une bourgade qu'on pourrait appeler *une petite Venise*. D'abord ils choisissent un emplacement où ils puissent trouver des vivres en abondance, et tout ce qui leur est nécessaire pour bâtir. Il leur faut surtout de l'eau, et s'ils ne trouvent ni lac ni étang, ils y suppléent, en arrêtant le cours d'un ruisseau ou d'une petite rivière, par le moyen d'une digue, ou, comme on parle ici, d'une chaussée. Pour cela ils vont couper des arbres au-dessus de l'endroit où ils ont résolu de bâtir. Trois ou quatre castors se mettent autour d'un gros arbre, et viennent à bout avec leurs dents de le jetter par terre. Ce n'est pas tout : ils prennent si bien leurs mesures qu'il tombe toujours du côté de l'eau, afin qu'ils n'aient pas tant de chemin à faire pour le voiturer, quand ils l'ont mis en pièces. Ils n'ont plus ensuite qu'à rouler ces pièces pour les pousser dans l'eau, et ils les conduisent vers l'endroit où elles doivent être placées.

Ces pièces sont plus ou moins grosses, plus ou moins longues, selon que la nature et la situation du lieu le demandent : car on dirait que ces architectes ont tout prévu. Quelquefois ils emploient de gros troncs d'arbres qu'ils portent à plat ; quelquefois la chaussée n'est composée que de pieux gros comme la cuisse, ou même plus menus, soutenus de bons piquets et entrelacés de petites branches ; et partout les vides sont remplis d'une terre grasse si bien appliquée, qu'il n'y passe pas une goutte d'eau. C'est avec leurs pattes que les castors préparent cette terre ; et leur queue ne leur sert pas seulement de truelle pour maçonner, mais encore d'auge pour voiturer ce mortier, ce qu'ils font en se traînant sur leurs pattes de derrière. Arrivés au bord de l'eau, ils le prennent avec les dents, et pour l'employer, ils se servent d'abord de leurs pattes, ensuite de leur queue. Les fondements de ces digues ont ordinairement dix à douze pieds d'épaisseur, et elles vont en diminuant jusqu'à deux ou trois. Les proportions y sont toujours exactement gardées. La règle et le compas sont dans l'œil du grand-maître des arts et des sciences. On a observé que le côté du courant de l'eau est toujours en talus, et l'autre côté parfaitement à plomb. En un mot, il serait difficile à nos meilleurs ouvriers de rien faire de plus solide et de plus régulier.

La construction des cabanes n'a rien de moins merveilleux. Elles sont, pour l'ordinaire, bâties sur pilotis au milieu de ces petits lacs que les digues ont formées, quelquefois sur le bord d'une rivière, ou à l'extrémité d'une pointe qui avance dans l'eau. Leur figure est ronde ou ovale, et elles sont voutées en anse de panier. Les parois ont deux pieds d'épaisseur, les matériaux en sont les mêmes que dans les chaussées, mais moins gros, et tout est si bien enduit de terre glaise en dedans qu'il n'y entre pas le moindre air. Les deux tiers de l'édifice sont hors de l'eau, et dans cette partie chaque castor a sa place marquée, qu'il a soin de joncher de feuillages ou de petites branches de sapin. On n'y voit jamais d'ordures ; et, pour cela, outre la porte commune de la cabane, et une autre issue par laquelle ces animaux sortent pour aller se baigner, il y a plusieurs ouvertures par où ils vont se vider dans l'eau. Les cabanes ordinaires logent huit ou dix castors, on en a vu qui en renfermaient jusqu'à trente, mais cela est rare. Toutes sont assez près les unes des autres pour avoir entre elles une communication facile.

L'hiver ne surprend jamais les castors. Tous les ouvrages dont je viens de parler sont achevés à la fin de septembre, et alors chacun fait ses provisions pour l'hiver. Tandis qu'ils vont et viennent dans la campagne ou dans les bois, ils vivent de fruits, d'écorces et de feuilles d'arbres ; ils pêchent aussi des écrevisses et quelques poissons : alors tout leur est bon. Mais quand il s'agit de se pourvoir pour tout le temps que la terre couverte de neiges ne leur fournirait rien, ils se contentent de bois tendre, comme de peupliers, de trembles, ou d'autres semblables. Ils le mettent en piles, et le disposent de façon qu'ils puissent toujours prendre les morceaux qui trempent dans l'eau. On a remarqué constamment que ces piles sont plus ou moins grandes suivant que l'hiver doit être plus ou moins long, et c'est pour les sauvages un almanach qui ne les trompe jamais sur la durée du froid. Les castors, avant de manger le bois, le découpent en petits morceaux fort menus, et les apportent dans leur loge ; car chaque cabane n'a qu'un magasin pour toute la famille.

Quand la fonte des neiges est dans sa force, comme elle ne manque pas de causer de grandes inondations, les castors quittent leurs cabanes, qui ne sont plus logeables, et chacun va de son côté, où bon lui semble. Les femelles y retournent, dès que les eaux sont écoulées, et c'est alors qu'elles mettent bas. Les mâles tiennent la campagne jusque vers le mois de juillet, qu'ils se rassemblent pour réparer les brèches que les crues d'eau ont faites à leurs cabanes ou à leurs digues. Si elles ont été détruites par les chasseurs, ou si elles ne valent pas la peine d'être réparées, ils en font d'autres; mais bien des raisons les obligent souvent à changer de demeure. La plus ordinaire est le défaut des vivres; ils y sont encore forcés par les chasseurs ou par les animaux carnassiers, contre lesquels ils n'ont point d'autre défense que la fuite. On pourrait s'étonner que l'auteur de la nature ait donné moins de force à la plupart des animaux utiles qu'à ceux qui ne le sont pas; si cela même ne faisait éclater davantage sa puissance et sa sagesse, en ce que ceux-là, malgré leur faiblesse, multiplient beaucoup plus que ceux-ci.

Il y a des endroits que les castors semblent avoir tellement pris en affection, qu'ils ne sauraient les quitter, quoiqu'ils y soient toujours inquiétés. Sur le chemin de Montréal au lac Huron par la grande rivière, on ne manque point de trouver tous les ans au même lieu un logement que ces animaux y bâtissent ou réparent tous les étés ; car la première chose que font les voyageurs qui y arrivent les premiers, c'est de rompre la cabane, et la chaussée qui lui donne de l'eau. Si cette chaussée n'eût pas retenu les eaux, il n'y en aurait pas assez pour continuer la route, et il faudrait faire un portage, de sorte qu'il semble que ces officieux castors vont se poster là uniquement pour la commodité des passants. On voit, dit-on, la même chose du côté de Québec, où des castors, en travaillant pour eux, fournissent de l'eau à un moulin à planches.

Les sauvages étaient autrefois persuadés, si on en croit quelques relations, que les castors étaient une espèce d'animal raisonnable, qui avait ses lois, son gouvernement et son langage particulier ; que ce peuple amphibie se choisissait des commandants qui, dans les travaux communs, distribuaient à chacun sa tache, posaient des sentinelles pour crier à l'approche de l'ennemi, punissaient ou exilaient les paresseux. Ces prétendus exilés sont apparemment ceux qu'on appelle *castors terriers*, qui, en effet, vivent séparés des autres, ne travaillent point, et se logent sous terre, où leur unique attention est de se ménager un chemin couvert pour aller à l'eau. On les connaît au peu de poil qu'ils ont sur le dos, ce qui vient sans doute de ce qu'ils se frottent continuellement contre la terre. Avec cela, ils sont maigres; c'est le fruit de leur paresse. On en trouve beaucoup plus dans les pays chauds que dans les pays froids. J'ai déjà remarqué que nos castors, ou bièvres d'Europe, tiennent plus de ceux-ci que des autres. C'est bien dommage qu'il ne se soit point trouvé de ces admirables animaux ni dans le Tibre, ni dans le Permesse : que de belles choses ils auraient fait dire aux poètes grecs et romains !

Il paraît que les sauvages du Canada ne les molestaient pas beaucoup avant notre arrivée dans leur pays. Les peaux de castors n'étaient pas celles dont ces peuples faisaient plus d'usage pour se couvrir; et la chair des ours, des élans, et de quelques autres bêtes fauves leur semblait apparemment meilleure que celle des castors. Ils les chassaient néanmoins, et cette chasse avait son temps et son cérémonial marqué; mais quand on ne chasse que pour le besoin, et que ce besoin est borné au pur nécessaire, on ne fait pas de grandes destructions; aussi, lorsque nous arrivâmes en Canada, nous y trouvâmes un nombre prodigieux de ces amphibies.

La chasse du castor n'est pas difficile ; car il s'en faut bien que cet animal ait autant de force pour se défendre et d'adresse pour éviter les embûches de ses ennemis, qu'il montre d'industrie pour se bien loger, et de prévoyance pour se pourvoir de tous les besoins de la vie. C'est pendant l'hiver qu'on lui fait la guerre dans les formes, c'est-à-dire depuis le commencement de novembre jusqu'au mois d'avril. Alors il a, comme tous les autres animaux, plus de poil, et la peau plus mince. Cette chasse se fait de quatre manières, qui sont les filets, l'affût, la tranche et la trappe. La première est ordinairement jointe à la troisième ; et on s'amuse rarement à la seconde, parce que les petits yeux de cet amphibie sont si perçants, et il a l'oreille si fine, qu'il est difficile de l'approcher assez pour le tirer, avant qu'il ait gagné l'eau, dont il ne s'écarte pas beaucoup dans cette saison, et où il plonge d'abord. On le perdrait même, quand il aurait été blessé, avant de s'être jeté à l'eau, parce qu'il ne revient point au-dessus s'il meurt de sa blessure. C'est donc à la tranche et à la trappe, qu'on s'attache plus communément.

Quoique les castors aient fait leurs provisions pour l'hiver, ils ne laissent pas de faire de temps en temps quelques excursions dans les bois, pour y chercher une nourriture plus fraîche et plus tendre, et cette délicatesse coûte la vie à plusieurs. Les sauvages dressent sur leur chemin des trappes, faites à peu près comme le chiffre 4, et pour appas ils y mettent de petits morceaux de bois tendres et fraîchement coupés. Le castor n'y a pas plutôt touché, qu'il lui tombe sur le corps une grosse bûche qui lui casse les reins, et le chasseur, qui survient, l'achève sans peine. La tranchée demande plus de précaution, et voici de quelle manière on y procède. Quand la glace n'a encore qu'un demi-pied d'épaisseur, on y fait une ouverture avec la hache : les castors y viennent pour respirer plus à l'aise ; on les y attend, et on les sent venir de loin, parce qu'en soufflant ils donnent un assez grand mouvement à l'eau : ainsi il est aisé de prendre ses mesures pour leur casser la tête, au moment qu'ils la mettent dehors. Pour agir encore plus sûrement, et n'être pas aperçu des castors, on jette sur le trou qu'on a fait dans la glace, de la bourre de roseaux, ou des épis de *typha* ; et quand on connaît que l'animal est à portée, on le saisit par une de ses pattes, et on le jette sur la glace, où on l'assomme, avant qu'il soit revenu de son étourdissement.

Si la cabane est proche de quelque ruisseau, la chasse se fait encore plus aisément. On coupe la glace en travers pour y tendre un filet : ensuite on va briser la cabane. Les castors, qui y sont renfermés, ne manquent point de se sauver dans le ruisseau, et se trouvent pris dans le filet. Mais il ne faut pas les y laisser long-temps, ils s'en seraient bientôt débarrassés en le coupant. Ceux dont es cabanes sont dans des lacs, ont à trois ou quatre cents pas du rivage une espèce de maison de campagne, pour y respirer un meilleur air. Alors les chasseurs se partagent en deux bandes, l'une va rompre la cabane des champs, l'autre donne en même temps sur celle du lac; les castors, qui sont dans celle-ci, et on prend le temps qu'ils y sont tous, veulent se réfugier dans l'autre, mais ils n'y trouvent plus qu'une poussière qu'on y a jetée exprès, et qui les aveugle, de sorte qu'on en a bon marché. Enfin en quelques endroits on se contente de faire une ouverture aux chaussées. Par ce moyen les castors se trouvent bientôt à sec, et demeurent sans défense ; ou bien ils accourent pour remédier d'abord au mal dont ils ne connaissent pas les auteurs; et comme on est bien préparé à les recevoir, il est rare qu'on les manque, ou qu'on n'en attrape au moins quelques-uns.

Voici d'autres particularités sur les castors que je trouve dans quelques mémoires, dont je ne vous garantis pas la fidélité. On prétend que quand ces animaux ont découvert des chasseurs, où quelques-unes de ces bêtes carnassières qui leur font la guerre, ils plongent en battant l'eau de leur queue, avec un si grand bruit qu'on les entend d'une demie lieue. C'est apparemment pour avertir tous les autres d'être sur leurs gardes. On dit encore qu'ils ont l'odorat si fin, qu'étant dans l'eau, ils sentent un canot de fort loin. Mais on ajoute qu'ils ne voient que de côté, non plus que les lièvres, et que ce défaut les livre souvent aux chasseurs qu'ils veulent éviter. Enfin on assure que, quand un castor a perdu sa femelle, il ne s'accouple point avec une autre, comme on le rapporte de la tourterelle.

Les sauvages ont grand soin d'empêcher que leurs chiens ne touchent aux os du castor, parce qu'ils sont d'une dureté à laquelle les dents des chiens ne résisteraient pas. On dit la même chose des os du porc-épic. Le commun de ces barbares apporte une autre raison de cette précaution ; c'est disent-ils, pour ne point irriter les esprits de ces animaux, qui empêcheraient qu'une autrefois la chasse ne fût heureuse. Mais je crois que cette raison est venue après coup ; et c'est ainsi que la superstition a souvent pris la place des causes naturelles, à la honte de l'esprit humain.

On connaît encore au Canada un petit animal de même nature à peu près que le castor, qui, à bien des égards, en paraît un diminutif, et qu'on nomme rat musqué. Il a, en effet, presque toutes les propriétés du castor : la structure du corps, et surtout de tête de l'un et de l'autre est si sensible qu'on prendrait le rat musqué pour un petit castor, si on lui avait coupé la queue, en quoi il diffère peu des nôtres.

Il se met en campagne au mois de mars, et sa nourriture est alors quelques morceaux de bois qu'il pile avant de les manger. Après la fonte des neiges, il vit de racines d'orties, puis des tiges et des feuilles de cette plante. En été il ne mange que des fraises et des framboises, auxquelles succèdent d'autres fruits dans l'automne. Durant ce temps-là on voit rarement le mâle sans la femelle.

A l'entrée de l'hiver, ils se séparent, et chacun va de son côté se loger dans un trou ou dans le creux d'un arbre sans provision; et les sauvages assurent que, tant qu'il fait froid, ils ne mangent rien. Ils bâtissent aussi des cabanes à peu près de la forme de celle des castors; mais il s'en faut beaucoup qu'elles soient si bien travaillées; quant à la situation c'est toujours au bord de l'eau; aussi n'ont-ils pas besoin de faire de chaussée. On dit que le poil du rat musqué entre dans la fabrique de chapeaux avec celui du castor, et n'y gâte rien. Sa chair n'est pas mauvaise.

LE BŒUF SAUVAGE.

Le bœuf du Canada est plus grand que le nôtre. Il a les cornes basses, noires et courtes; une grande barbe de crin sous le museau, et autant sur la tête, d'où elle lui tombe sur les yeux, ce qui lui donne un air hideux. Il a sur le dos une bosse, qui commence sur les hanches, et va en augmentant jusque sur les épaules. La première côte de devant est plus haute d'une coudée que les autres au-dessus du dos, et large de trois doigts, et toute la bosse est couverte d'un poil un peu roussâtre et fort long; le reste du corps l'est d'une laine noire qui est fort estimée. On assure que la dépouille d'un bœuf est de huit livres de laine. Cet animal a le poitrail fort large, le croupe assez fine, la queue fort courte, et on ne lui voit presque point de cou; mais sa tête est plus grosse que celle des nôtres. Il fuit ordinairement, dès qu'il aperçoit quelqu'un, et il ne faut qu'un chien pour faire prendre le galop à un troupeau entier. Il a l'odorat fin, et pour l'approcher, sans qu'il s'en aperçoive, d'assez près pour le tirer, il faut prendre le dessous du vent. Mais quand il est blessé, il est furieux et se retourne sur les chasseurs. Il n'est pas beaucoup plus traitable quand les vaches ont des veaux nouvellement nés. Sa chair est bonne, mais on ne mange guère que celle des vaches, parce que celle des taureaux est trop dure. Quant à sa peau, on n'en connaît guère de meilleure, elle se passe aisément, et, quoique très-forte, elle devient souple et moëleuse comme le meilleur chamois. Les sauvages en font des boucliers qui sont très-légers, et que les bales de fusil ne percent pas aisément.

BOEUF MUSQUÉ.

On trouve aux environs de la baye d'Hudson un autre bœuf dont le cuir et la laine ont

les mêmes avantages que ceux des bœufs dont je viens de parler. Voici ce qu'en dit M. Jérémie : « A quinze lieues de la rivière
» danoise se trouve la rivière du Loup-Marin,
» parce qu'effectivement il y en a beaucoup
» dans cet endroit. Entre ces deux rivières,
» il y a une espèce de bœuf, que nous nom-
» mons *Bœufs musqués*, parce qu'ils sen-
» tent si fort le musc que, dans certaine sai-
» son, il est impossible d'en manger. Ces
» animaux ont de très-belle laine; elle est
» plus longue que celle des moutons de Bar-
» barie. J'en avais apporté en France en 1708,
» dont je m'étais fait faire des bas, qui
» étaient plus beaux que des bas de soie...
» Ces bœufs, quoique plus petits que les
» nôtres, ont cependant les cornes beaucoup
» plus grosses et plus longues. Leur racines
» se joignent sur le haut de la tête, et des-
» cendent à côté des yeux presqu'aussi bas
» que la gueule; ensuite le bout remonte en
» haut, et forme comme un croissant. Il y
» en a de si grosses, que j'en ai vu qui, sé-
» parées du crâne, pesaient les deux ensem-

» ble soixante livres. Ils ont des jambes fort
» courtes, de manière que leur laine traîne
» toujours par terre lorsqu'ils marchent; ce
» qui les rend si difformes que l'on a peine
» à distinguer, d'un peu loin, de quel côté
» est la tête. Il n'y a pas une grande quan-
» tité de ces animaux! aussi les sauvages
» les auraient bientôt détruits, si on en fai-
» sait faire la chasse. Comme ils ont les
» jambes très-courtes, on les tue, lorsqu'il
» y a beaucoup de neige, à coups de lances,
sans qu'ils puissent fuir.

—

LE CHEVREUIL.

Le quadrupède le plus commun aujour-d'hui en Canada est le chevreuil, qui ne diffère en rien des nôtres. On dit qu'il jette des larmes lorsqu'il se voit poussé à bout par les chasseurs. Quand il est jeune, son poil est rayé de plusieurs couleurs en long ;

dans la suite ce poil tombe, et il en revient un autre, qui est de la couleur des chevreuils ordinaires. Cet animal n'est point farouche, et s'apprivoise aisément; il paraît naturellement ami de l'homme. Lorsque le temps est venu pour la femelle de mettre bas, elle retourne dans le bois, et y demeure quelques jours avec ses petits; puis elle revient se montrer à son maître. Elle visite assidûment ses petits; on la suit quand on le juge à propos, on prend ses nourrissons, et elle continue de les nourrir dans la maison. Il est assez étonnant que toutes nos habitations n'en aient pas des troupeaux entiers : les sauvages ne leur donnent la chasse que par occasion.

―

LOUPS ET RENARDS.

Il y a aussi dans les bois du Canada beaucoup de *loups*, ou plutôt de *chats serviers* :

car ils n'ont du loup qu'une espèce de hurlement; en tout le reste, ils sont, dit M. Sarrasin, *ex genere felino*. Ce sont de vrais chasseurs, qui ne vivent que des animaux qu'ils peuvent attraper, et qu'ils poursuivent jusqu'à la cime des plus grands arbres. Leur chair est blanche et bonne à manger. Leur poil et leurs peaux sont fort connus en France : c'est une des plus belles fourrures de ce pays, et qui entre le plus dans le commerce. On estime encore plus celle de certains renards noirs, qui sont dans les montagnes du nord. J'ai cependant ouï dire que les renards noirs de Moscovie, et ceux du nord de l'Europe, sont plus estimés. D'ailleurs ils sont ici fort rares, apparemment à cause de la difficulté de les avoir.

Il y en a de plus communs dont les uns ont le poil noir ou gris mêlé de blanc ; les autres sont tout gris, d'autres d'un rouge tirant sur le roux. On en trouve en remontant le Mississipi, d'une grande beauté, dont le poil est argenté. On y rencontre aussi des tigres et des loups plus petits que les nôtres.

Les renards donnent la chasse aux oiseaux de rivière d'une manière fort ingénieuse. Il s'avancent un peu dans l'eau, puis se retirent, et font cent cabrioles sur le rivage. Les canards, les outardes, et d'autres oiseaux semblables, que ce jeu divertit, s'approchent du renard; quand ils les voit à sa portée, il se tient fort tranquille d'abord, pour ne les point effaroucher, il remue seulement sa queue, comme pour les attirer de plus près; et ces sots animaux donnent dans le piége, jusqu'à becqueter cette queue. Alors le renard saute dessus, et manque rarement son coup. On a dressé des chiens au même manége avec assez de succès, et ces mêmes chiens font rudement la guerre aux renards.

L'ENFANT DU DIABLE.

Une sorte de fouine, qu'on a nommée *enfant du diable*, ou *bête puante*, parce que son urine, qu'elle lâche quand elle est poursuivie, empeste l'air à un demi-quart de lieue à la ronde, est d'ailleurs un fort joli animal. Elle est de la grandeur d'un petit chat, mais plus grosse, d'un poil luisant tirant sur le gris, avec deux lignes blanches, qui lui forment sur le dos une figure ovale depuis le col jusqu'à la queue. Cette queue est touffue comme celle du renard, et elle la redresse comme l'écureuil. Sa fourrure comme celle des *pékans*, autres chats sauvages à peu près de la grandeur des nôtres, des loutres, des fouines ordinaires, des putois, du rat de bois, de l'hermine, des martres, font ce qu'on appelle la menue pelleterie.

—

L'HERMINE ET LES MARTRES.

L'hermine est de la grosseur de nos écureuils, mais un peu moins allongée; son poil est d'un très-beau blanc, et elle a une longue queue, dont l'extrémité est d'un noir de jais. Nos martres sont moins rouges que celles de France, et ont le poil plus fin. Elles se tiennent ordinairement au milieu des bois, d'où elles ne sortent que tous les deux ou trois ans, mais en sortent toujours en grandes troupes. Les sauvages sont persuadés que l'année où ils les voient sortir sera bonne pour la chasse, c'est-à-dire qu'il neigera beaucoup.

LE PUTOIS.

Le *putois* ne diffère de la fouine qu'en ce qu'il a le poil plus noir, plus long et plus épais. Ces deux animaux font la guerre aux oiseaux, même les plus gros, et font de grands ravages dans les poulaillers et dans les colombiers. Le rat de bois est deux fois de la grosseur des nôtres. Il a la queue velue, et son poil est d'un très-beau gris argenté. On en voit qui sont tout blancs, et d'un très-beau blanc. La femelle a sous le ventre une bourse qui s'ouvre et se ferme quand elle veut : elle y met ses petits quand elle est poursuivie, et se sauve avec eux.

L'ECUREUIL.

On laisse ici assez en repos les écureuils : aussi y en a-t-il un nombre prodigieux. On en distingue de trois espèces : les rouges, qui ne diffèrent point des nôtres ; les *suisses*, qui sont un peu plus petits, et qu'on a ainsi nommés parce que leur poil est rayé sur leur longueur, de rouge, de blanc et de noir, à peu près comme les Suisses de la garde du pape ; et les écureuils *volants*, qui, à peu près de la même taille que les suisses, ont le poil d'un gris obscur. On les appelle *volants*, non pas qu'ils volent véritablement, mais parce qu'ils sautent d'un arbre à l'autre, l'espace de quarante pas au moins. De haut en bas leur saut pourrait être du double. Ce qui leur donne cette facilité de sauter, ce sont deux peaux qu'ils ont des deux côtés entre les pattes de derrière et celles de devant, et qui s'étendent de la largeur de deux pouces. Elles sont fort minces et ne sont couvertes que de poil follet. Ce petit animal s'apprivoise facilement; il est fort vif, quant il ne dort point, mais il dort souvent, et partout où il peut se fourrer, dans les poches, dans les manches, dans les manchons. Il s'attache d'abord à son maître et le distingue parmi vingt personnes.

—

LE PORC EPIC.

Le porc-épic du Canada est de la grosseur d'un chien moyen, mais plus court et moins haut. Son poil, d'environ quatre pouces de longueur, est gros comme une paille des plus minces, blanc, creux et très-fort, particulièrement sur le dos. C'est son arme, elle est offensive et défensive. Il se lance d'abord sur ceux qui attentent à sa vie, et, pour peu qu'il entre dans la chair, il faut l'en retirer à l'instant, si non, il s'y enfonce tout entier. C'est pour cette raison qu'on est fort attentif à empêcher les chiens d'approcher de ces animaux, dont la chair est bonne à manger. Un porc-épic à la broche vaut bien un cochon de lait.

LIÈVRES ET LAPINS.

Les lièvres et les lapins sont en Canada comme en Europe, excepté qu'ils ont les jambes de derrière plus longues. Leurs peaux ne sont pas d'un grand usage parce qu'ils muent continuellement. C'est dommage, car leur poil est très-fin. L'hiver, ces animaux grisonnent, et sortent rarement des tannières, où ils vivent des plus jeunes branches de bouleau. L'été, ils ont le poil roux. Les renards leur font une cruelle guerre en toute saison; et les sauvages les prennent en hiver sur la neige avec des collets, quand ils vont chercher des vivres.

II

OISEAUX.

L'AIGLE, ET AUTRES OISEAUX DE PROIE.

Il s'en faut beaucoup que nos forêts soient aussi bien partagées en oiseaux que nos lacs et nos rivières le sont en poissons. Il y en a néanmoins qui ont leur mérite, et qui sont particuliers à l'Amérique. On voit ici des aigles de deux espèces. Les plus gros ont la tête et le cou presque blancs ; ils donnent la chasse aux lapins et aux lièvres, les prennent dans leurs serres, et les emportent dans leurs magasins et dans leurs nids. Les autres sont tout gris, et se contentent de faire la guerre aux oiseaux : tous sont aussi d'assez bons pêcheurs. Le faucon, l'autour, le tiercelet, sont absolument les mêmes qu'en France ; mais nous avons une seconde espèce de faucons, qui ne vivent que de la pêche.

LA PERDRIX, LA BECASSE, etc.

Nos perdrix sont de trois espèces : les grises, les rouges et les noires. Celles-ci sont les moins estimées, elles sentent trop le raisin, le genièvre et le sapin, elles ont la tête et les yeux de faisans, et la chair brune. Toutes ont la queue longue, et l'ouvrent en éventail, comme le coq d'Inde; ces queues sont fort belles. Les unes sont mêlées de rouge, de brun et de gris; les autres de gris clair et de gris brun. J'ai dit que les perdrix noires ne sont pas les plus estimées; quelques-uns néanmoins les préfèrent aux rouges mêmes. Toutes sont plus grosses qu'en France, mais si sottes qu'elles se laissent tirer, et même approcher, sans presque changer de place.

Outre les bécassines, qui sont excellentes en ce pays, et le petit gibier de rivière, qui y est partout en abondance, on trouve quelques bécasses au bord des fontaines; mais en petit nombre. Aux Illinois, et dans toute la partie méridionale de la nouvelle-France, elles sont plus communes. M. Denis assure que les corbeaux de Canada sont aussi bons à manger que les poules. Cela peut être vrai du côté de l'Acadie, mais je ne vois pas qu'en ces quartiers-ci on en soit bien persuadé. Ils sont plus gros qu'en France, un peu plus noirs, et ont un cri différent de celui des nôtres. Les orfraies, au contraire, sont plus petites, et leur cri n'est pas aussi désagréable. Le chat-huant canadien n'est différent du français que par une petite fraise blanche qu'il a autour du cou, et par son cri. Sa chair est bonne à manger, et bien des gens la préfèrent à celle de la poule. Sa provision pour l'hiver consiste en mulots, auxquels il casse les pattes, et qu'il engraisse et nourrit avec soin, jusqu'à ce qu'il en ait besoin. La chauve-souris est ici plus grosse qu'en France. Les merles et les hirondelles y sont des oiseaux de passage comme en Europe. Les premiers ne sont pas noirs, mais tirent sur le rouge. Nous avons trois sortes d'alouettes, dont les plus petites sont de la grosseur du moineau. Le moineau lui-même est un peu différent du nôtre : il a bien les mêmes inclinations, mais sa physionomie est assez mauvaise.

LE CANARD, LE CYGNE, LA POULE D'INDE, etc.

On voit dans ce pays une quantité prodigieuse de canards, et j'en ai oui compter
jusqu'à vingt-deux espèces différentes. Les
plus beaux, et ceux dont la chair est plus délicate, sont les *canards branchus* : on les
appelle ainsi parce qu'ils se perchent sur
les branches des arbres. Leur plumage est
extrêmement varié, et fort brillant. Les cy-
gnes, les poules d'Inde, les poules d'eau, les
grues, les sarcelles, les oies, les outardes,
et autres grands oiseaux de rivière, fourmil-
lent partout, si ce n'est au voisinage des habitations, dont ils n'approchent point. Nous
avons des grues de deux couleurs : les unes
sont toutes blanches, les autres d'un gris de
lin. Toutes font d'excellents potages. Nos
piverts sont d'une grande beauté. Il y en a
qui ont toutes les couleurs; d'autres sont
noirs, ou d'un brun obscur par tout le corps,

excepté la tête et le cou, qui sont d'un très-beau rouge.

—

LE ROSSIGNOL, LE ROITELET, LE CHARDONNERET, L'OISEAU BLANC.

Le rossignol du Canada est à peu près le même que celui de France pour sa figure ; mais il n'a que la moitié de son chant; le roitelet lui en a dérobé l'autre moitié. Le chardonneret n'a pas la tête aussi belle qu'en Europe, et tout son plumage est mêlé de jaune et de noir. Comme je n'en ai point vu en cage, je ne saurais vous rien dire de son chant. Tous nos bois sont remplis d'une sorte d'oiseau de la grosseur d'une linotte, il est tout jaune et a le gosier assez fin, mais son chant est fort court et n'est point varié. Il n'a point d'autre nom que celui de sa couleur. Une espèce d'ortolan, dont le plumage est cendré sur le dos, et blanc sous le ventre, et qu'on a nommé l'*oiseau blanc*, est celui de tous nos hôtes de nos bois qui chante le mieux. Il ne le cède guère au rossignol de France; mais il n'y a que le mâle qui se fasse entendre; la femelle, dont la couleur est plus foncée, ne dit mot, même en cage. Ce petit animal a la physionomie fort belle, et il est bien nommé ortolan pour le goût. Je ne sais où il se retire pendant l'hiver; mais il est toujours le premier qui nous annonce le retour du printems. A peine la neige est-elle fondue en quelques endroits qu'il y accourt en grande troupe, et l'on en prend alors tant que l'on veut.

LE CARDINAL, ET L'OISEAU MOUCHE.

Ce n'est guère qu'à cent lieues d'ici, en tirant au sud, que l'on voit des *cardinaux*. Le douceur de leur chant, l'éclat de leur plumage, qui est d'un beau rouge incarnat;

une petite aigrette qu'ils ont sur la tête, et qui ne ressemble pas mal à ces couronnes que les peintres donnent aux rois indiens et américains, semblent leur assurer l'empire des airs. Ils ont pourtant ici un rival, qui aurait même pour lui l'unanimité des suffrages, s'il flattait aussi agréablement les oreilles qu'il charme les yeux : c'est ce qu'on appelle en ce pays-ci l'*oiseau mouche*.

Ce nom a deux origines. La première est sa petitesse même ; car avec ses plumes, il n'est guère d'un plus gros volume que le hanneton ordinaire. La seconde est un bourdonnement assez fort, qu'il fait avec ses ailes, et qui est assez semblable à celui que font les grosses mouches. Ses pattes, qui ont un pouce de long, sont comme deux aiguilles ; son bec est de même, et il en fait sortir une petite trompe, qu'il enfonce dans les fleurs, pour attirer le suc dont il se nourrit. La femelle n'a rien de brillant : un assez beau blanc sous le ventre, et un cendré clair sur tout le reste du corps, font toute sa parure ; mais le mâle est un vrai bijou. Il a sur le haut de la tête une petite touffe d'un beau noir, la gorge rouge, le ventre blanc, le dos, les ailes et la queue d'un vert de feuilles de rosiers; une couche d'or répandue sur tout ce plumage y ajoute un grand éclat; et un petit duvet imperceptible y produit les plus belles nuances qui se puissent voir.

Quelques voyageurs l'ont confondu avec le *colibry*, et en effet il paraît qu'il en est une espèce; mais le colibry des îles est un peu plus gros, a le plumage moins brillant, et le bec un peu recourbé en bas. Je pourrais néanmoins me tromper sur l'éclat de son plumage, parce que je n'en ai point vu de vivant: quelques-uns ont avancé qu'il a un chant fort mélodieux. Si le fait est, c'est un grand avantage qu'il a sur l'oiseau mouche, que personne n'a encore entendu chanter. Mais j'ai entendu moi-même une femelle qui sifflait d'une manière très-aiguë et assez désagréable. Cet oiseau a l'aile extrêmement forte, et le vol d'une rapidité surprenante. Vous le voyez sur une fleur, et dans le moment il s'élève en l'air presque perpendiculairement. Il est ennemi du corbeau et ennemi dangereux. J'ai ouï dire à un homme digne de foi, qu'il en avait vu un quitter brusquement une fleur, qu'il suçait, s'élever comme un éclair, aller se fourrer sous l'aile d'un corbeau, qui planait fort haut, le percer de sa trompe, et le faire tomber mort, soit de sa chute, soit de sa blessure, qu'il avait reçue.

L'oiseau mouche s'attache aux fleurs qui ont l'odeur plus forte, et il les suce en voltigeant toujours ; mais il se repose de temps en temps, et alors on a tout le loisir de le contempler. On en a nourri quelque temps avec de l'eau sucrée et des fleurs. J'en ai gardé autrefois un pendant vingt-quatre heures : il se laissait prendre et manier, et contrefaisait le mort ; dès que je le lâchais, il reprenait son vol, et ne faisait que papillonner autour de ma fenêtre. J'en fis présent à un de mes amis qui, le lendemain matin, le trouva mort, et cette nuit-là même il avait fait une petite gelée. Aussi ces petits animaux ont-ils grand soin de prévenir les premiers froids.

Il y a bien de l'apparence qu'ils se retirent vers la Caroline, où l'on assure qu'on ne les voit qu'en hiver. Ils font leurs nids en Canada, où ils les suspendent à une branche d'arbre, et les tournent de telle sorte, qu'ils sont à l'abri de toutes les injures de l'air. Rien n'est si propre que ces nids. Le fond en est de petits brins de bois entrelassés comme un panier, et le dedans est revêtu de je ne sais quel duvet, qui paraît de soie. Les œufs sont de la grosseur d'un pois, et ont des taches jaunes sur un fond blanc. On dit que la portée ordinaire est de trois, et quelquefois de cinq.

LA TOURTE,

On connaît ici une espèce de ramiers, qui passent dans le mois de mai et de juin. On dit qu'autrefois ils obscurcissaient l'air par leur multitude; mais ce n'est plus la même chose aujourd'hui. Il en vient encore néanmoins jusqu'aux environs des villes un assez grand nombre se reposer sur les arbres. On les appelle communément *tourtes*; et ils différent en effet assez des ramiers, des tourterelles et des pigeons d'Europe, pour en faire une quatrième espèce. Ils sont plus petits que nos plus gros pigeons, dont ils ont les yeux et les nuances de la gorge. Leur plumage est d'un brun obscur, à l'exception des ailes, où il y a des plumes d'un très-beau bleu.

On dirait que ces oiseaux ne cherchent qu'à se faire tuer; car s'il y a quelque branche sèche à un arbre, c'est celle-là qu'ils choisissent pour s'y percher, et ils s'y rangent de manière que le plus mal-adroit tireur en peut abattre une demi-douzaine au moins d'un seul coup de fusil. On a aussi trouvé le moyen d'en prendre beaucoup en vie : on les nourrit jusqu'aux premières gelées ; alors on leur coupe la gorge, et on les jette au grenier, où ils se conservent tout l'hiver.

III

REPTILES.

LE SERPENT A SONNETTES.

Parmi les reptiles de ce pays, je ne connais encore que le serpent à sonnettes qui mérite quelque attention. On en voit qui sont gros comme la jambe d'un homme, quelquefois même il s'en trouve de plus gros, et ils sont longs à proportion. Mais il y en a, et je crois que c'est le plus grand nombre, qui ne surpassent ni en grosseur ni en longueur nos plus grandes couleuvres de France. Leur figure est assez singulière. Sur un cou plat et fort large, ils ont une assez petite tête.

Leurs couleurs sont vives sans être brillantes, le jaune pâle y domine avec d'assez belles nuances.

Mais ce que cet animal a de plus remarquable, c'est sa queue : elle est écailleuse, en cotte de maille, un peu aplatie, et elle croît, dit-on, tous les ans d'une rangée d'écailles, en sorte qu'on connaît son âge à sa queue, comme celui des chevaux à leurs dents. En la remuant, il fait le même bruit que la cigale en volant ; car le prétendu chant de la cigale n'est, comme on sait, que le bruit qu'elle fait avec ses ailes. C'est ce bruit qui a fait donner à ce serpent le nom qu'il porte.

Sa morsure est mortelle, si on n'y remédie sur-le-champ; mais la Providence y a pourvu. Dans tous les endroits où se rencontre ce dangereux reptile, il croît une plante à laquelle on a donné le nom d'herbe à serpent à sonnettes, et dont la racine est un antidote sûr contre le venin de cet animal. Il ne faut que la piler ou la mâcher, et l'appliquer comme un cataplasme sur la plaie. Cette plante est belle et facile à reconnaître. Sa tige ronde, un peu plus grosse qu'une plume d'oie, s'élève à la hauteur de trois ou quatre pieds, et se termine par une fleur jaune de la forme et de la grandeur d'une marguerite simple. Cette fleur a une odeur très-douce. Les feuilles de la plante sont ovales, étroites, soutenues cinq à cinq en patte de poule d'Inde par un pédicule d'un pouce de long.

Il est rare que le serpent à sonnettes attaque les passants qui ne lui cherchent point noise. J'en ai eu un à mes pieds qui eut assurément plus peur que moi, car je ne l'aperçus que quand il fuyait. Mais si on marche sur lui, on est piqué d'abord; et, si on le poursuit, pour peu qu'il ait le loisir de se reconnaître, il se replie en rond, sa tête au milieu, et s'élance d'une grande raideur contre son ennemi. Les sauvages ne laissent pas de lui donner la chasse, et trouvent sa chair très-bonne : j'ai même ouï dire à des Français qui en avaient goûté, que ce mets n'était pas mauvais. Mais c'était des voyageurs, et ces gens-là trouvent tout bon, parce qu'ils ont souvent faim. Du moins, est-il certain qu'il ne fait point de mal.

IV

POISSONS.

LE LOUP MARIN.

Le loup marin doit son nom à son cri, qui est une espèce de hurlement ; car dans sa figure il n'a rien du loup, ni d'aucun animal terrestre que nous connaissions. Lescarbot assûre qu'il en a entendu qui criaient comme les chats-huants; mais ce pouvait être de jeunes bêtes dont le cri n'était pas encore bien formé. Du reste, on ne balance pas ici à mettre le loup marin au rang des poissons, quoiqu'il ne soit pas muet, qu'il naisse à terre, qu'il y vive pour le moins autant que dans l'eau, qu'il soit couvert de poil, en un mot, qu'il ne lui manque absolument rien, pour être regardé comme un véritable amphihie. Mais nous sommes dans un nouveau monde, il ne faut pas exiger que nous y parlions toujours le langage de l'ancien; et l'usage, contre lequel on ne résonne point, s'y est mis en possession de tous ces droits. Ainsi la guerre qu'on fait au loup marin, quoiqu'on la fasse souvent à terre et à coups de fusils, se nomme une pêche, et celle qu'on fait au castor dans l'eau et avec des filets, s'appelle une chasse.

La tête du loup marin approche un peu de la figure de celle du dogue : il a quatre pattes fort courtes, surtout celle de derrière; dans tout le reste, il est poisson. Il se traîne plutôt qu'il ne marche sur les pieds ; ceux de devant ont des ongles, ceux de derrière sont en forme de nageoires. Sa peau est dure, et couverte d'un poil ras de diverses couleurs. Il y a de ces animaux qui sont tout blancs, et tous le sont en naissant ; quelques-uns, à mesure qu'ils croissent, deviennent noirs, d'autres roux ; plusieurs ont toutes ces couleurs ensemble.

Les pêcheurs distinguent plusieurs espèces de loups marins ; les plus gros pèsent jusqu'à deux mille, et l'on prétend qu'ils ont le nez plus pointu que les autres. Il y en a qui ne font que fretiller dans l'eau ; nos matelots les appellent *brasseurs*; ils ont donné à une autre espèce le nom de *nau* : je n'en sais ni la raison, ni la signification ; à une autre, celui de *grosses têtes*. Il y en a de petits fort éveillés, et fort adroits à couper les filets qu'on leur tend : leur couleur est tigrée, ils sont badins, pleins de feu, et jolis, autant que des animaux de cette figure le peuvent être. Les sauvages les accoutument à les suivre comme si s'étaient de petits chiens, et ne laissent pourtant pas de les manger.

M. Denis parle de deux sortes de loups marins qui se rencontrent sur les côtes de l'Acadie : les uns, dit-il, sont si gros, que leurs petits ont plus de volume que nos plus grands porcs. Il ajoute que peu de temps après qu'ils sont nés, le père et la mère les amènent à l'eau, et de temps en temps les ramènent à terre, pour les faire téter; que la pêche s'en fait au mois de février, lorsque les petits, auxquels on en veut principalement, ne vont presque point encore dans l'eau; qu'au premier bruit, les pères et mères prennent la fuite, en faisant un fort grand bruit pour avertir leurs petits de les suivre ; ce que ceux-ci ne manquent point de faire, si les pêcheurs ne se hâtent de leur donner un coup de bâton sur le nez; et que cela suffit pour les tuer. Il faut que le nombre de ces animaux soit bien grand sur ces côtes, s'il est vrai, comme le même auteur l'assure, qu'en un seul jour on prend de cette sorte jusqu'à huit cents de ces petits.

Ceux de la seconde espèce, dont parle M. Denis, sont fort petits. Ils ne s'éloignent jamais beaucoup du rivage, et il y en a toujours quelqu'un qui fait la sentinelle. Au premier signal qu'il donne, tous se jettent à la mer; au bout de quelque temps ils se rapprochent de terre, et se lèvent sur leurs pattes de derrière, pour voir s'il n'y a rien à craindre; mais, malgré toutes leurs précautions, on en surprend un grand nombre à terre, et il n'est presque pas possible de les avoir autrement.

On convient que la chair du loup marin n'est pas mauvaise à manger, mais on trouve beaucoup mieux son compte à en faire de l'huile : la manière n'en est pas difficile. On en fait fondre la graisse sur le feu, et elle se résout en huile. Souvent même on se contente de faire des charniers; c'est le nom qu'on donne à de grands carrés de planches sur lesquels on étend la graisse de plusieurs loups marins. Elle s'y fond d'elle-même, et l'huile coule par une ouverture qu'on y a pratiquée. Cette huile, quand elle est fraîche, est fort bonne pour la cuisine, mais celle des jeunes bêtes rancit bientôt; et celle des autres, pour peu qu'elle commence à vieillir, dessèche trop : on s'en sert alors pour brûler, ou pour passer les peaux. Elle est long-temps claire, elle n'a point d'odeur, et ne laisse point de lie, ni aucune sorte d'immondices au fond de la barrique.

Dans les premiers temps de la colonie, on a employé une grande quantité de peaux de loups marins à faire des manchons. La mode en est passée, et leur grand usage aujourd'hi est de couvrir les malles et les coffres. Quand elles sont tannées, elles ont presque le même grain que le maroquin : elles sont moins fines, mais elles ne s'écorchent pas si aisément, et elles conservent plus long-temps toute leur fraîcheur. On en fait de très bons souliers, et des bottines, qui ne prennent point l'eau. On en couvre aussi des siéges, dont le bois est plutôt usé que la couverture. On tanne ici les peaux avec l'écorce de peruffe ; et, dans la teinture dont on se sert pour les noircir, on mêle une poudre qui se tire de certaines pierres qu'on trouve sur les bords des rivières. C'est ce qu'on appelle *pierres de Tonnerre*, ou des marcassites de mines.

C'est sur les rochers, et quelquefois sur la glace, que les loups marins s'accouplent, et que les mères font leurs petits. Leur portée ordinaire est de deux, et elles les allaitent assez souvent dans l'eau, mais plus souvent à terre. Quand elles veulent les accoutumer à nager, elles les portent, dit-on, sur leur dos, les laissent aller de temps en temps dans l'eau, puis les reprennent, et continuent ce manége jusqu'à ce que ces petits puissent nager tous seuls. Si ce fait est vrai, voilà un étrange poisson, à qui la nature n'a pas même appris ce que la plupart des animaux terrestre savent presque en naissant. Le loup marin a les sens fort vifs ; et c'est son unique défense : elle ne les empêche pourtant pas d'être souvent surpris, comme je l'ai déjà remarqué ; mais la plus ordinaire manière de les pêcher est celle-ci.

La coutume de cet animal, quand il est dans l'eau, est d'entrer avec la marée dans les anses. Quand on a reconnu les anses où il en entre un grand nombre, on les ferme avec des filets et des pieux ; on n'y laisse de libre qu'un assez petit espace par où les loups marins se glissent. Dès que la marée est haute, on bouche cette ouverture ; ainsi, après que la mer s'est retirée, ces poissons demeurent à sec, et on a que la peine de les assommer. On les suit aussi en canot dans les endroits où il y en a beaucoup, et quand ils mettent la tête hors de l'eau pour respirer, on tire dessus. S'ils ne sont que blessés, on les prend sans peine ; s'ils sont tués sur le coup, ils vont d'abord à fond, comme il arrive aussi aux castors ; mais on a de gros chiens qui sont exercés à les pêcher, à sept ou huit brasses de profondeur. Enfin j'ai ouï dire qu'un matelot en ayant un jour surpris à terre un grand troupeau, il les avait conduits à son logement avec une perche, comme il aurait pu faire d'un troupeau de bœufs, et que lui et ses camarades en avaient tué jusqu'à neuf cents. Qu'on le croit, si l'on veut.

—

LA VACHE MARINE.

La figure de cet animal n'est pas fort différente de celle du loup marin, mais il est plus gros. Ce qu'il a de singulier, ce sont deux dents de la grosseur et de la longueur du bras, un peu recourbées en haut, et qu'on prendrait de loin pour des cornes : c'est apparemment de là que leur est venu le nom de vaches marines. Les matelots l'appellent plus simplement *la bête à la grande dent*. Cette dent est d'un très-bel ivoire, aussi bien que toutes celles qui composent la mâchoire de ce poisson, et qui ont quatre doigts de longueur.

—

LE MARSOIN.

Il y a dans le fleuve Saint-Laurent des marsoins de deux couleurs : dans l'eau salée, c'est-à-dire, jusqu'un peu au-dessous de l'Ile-d'Orléans, ils ne diffèrent point de ceux qu'on trouve dans la mer ; dans l'eau douce, ils sont tout blancs, et de la grosseur d'une vache. Les premiers vont ordinairement par bandes : je n'ai point remarqué la même chose des autres, quoique j'en aie beaucoup vu se divertir dans le port de Québec. Ils ne montent guère plus haut que cette ville, mais il y en a beaucoup sur les côtes de l'Acadie, aussi bien que de la première espèce ; ainsi la différence de leur couleur ne vient point de la différence de l'eau salée et de l'eau douce.

Les marsoins blancs rendent une barrique d'huile, et cette huile est peu différente de celle du loup marin. Je n'ai vu personne qui ait mangé de la chair de cet animal ; il n'en est pas de même des *pourcelles*, qui sont les marsoins gris ; on dit que leur chair n'est pas mauvaise ; on fait des boudins et des andouilles de leurs boyaux, la fressure en est excellente en fricassée, et la tête meilleure que celle du mouton, mais moins bonne que celle du veau.

La peau des unes et des autres se tanne et se passe en façon de maroquin. D'abord elle est tendre comme du lard, et a un pouce d'épaisseur. On la gratte long-temps, et elle devient comme un cuir transparent, et quelque mince qu'elle soit, jusqu'à être propre à faire des vestes et des hauts-de-chausses, elle est toujours très-forte, et à l'épreuve d'un coup de feu. Il y en a de dix-huit pieds de long sur neuf de large : on prétend que rien n'est meilleur pour couvrir une impériale de voiture.

La manière dont se fait la pêche du marsoin est peu différente de celle dont j'ai parlé en dernier lieu au sujet du loup marin. Quand la marée est basse, on plante dans la vase ou dans le sable des piquets assez près les uns des autres, et l'on y attache des filets en forme d'entonnoirs, dont l'ouverture est assez large : de sorte néanmoins que, quand le poisson y a passé, il ne la peut plus retrouver pour en sortir. On a soin de mettre en haut des piquets des bouquets de verdure. Quand la marée monte, ces poissons, en donnant la chasse aux harengs, qui gagnent toujours les bords, attirés par la verdure, qu'ils aiment beaucoup, s'engagent dans les filets, et s'y trouvent enfermés. A mesure que la marée baisse, on a le plaisir de voir leur embarras, et les mouvements inutiles qu'ils se donnent pour échapper ; enfin ils restent à sec, et souvent placés les uns sur les autres en si grand nombre, que d'un seul coup de bâton on en assomme deux ou trois. On prétend qu'il s'en est trouvé parmi les blancs qui pesaient jusqu'à trois mille.

LE LENCORNET.

Le lencornet est une espèce de Sèche : sa figure est néanmoins assez différente de la sèche ordinaire. Il est tout rond, ou plutôt oval ; il a au-dessus de la queue une espèce de rebord, qui lui fait comme une rondache, et la tête est environnée de barbes de la longueur d'un demi-pied, dont il se sert pour prendre d'autres poissons. Il y en a deux espèces, qui ne diffèrent que par le volume ; les uns sont de la grosseur d'une barrique ; les autres ont un pied de long. On ne prend guère que ceux-ci, et on les prend au flambeau. Ils aiment fort la lumière : on leur en montre sur le rivage, quand la marée est haute, ils s'en approchent, et se font prendre. Le lencornet rôti, bouilli et fricassé, est une bonne nourriture ; mais il rend la sausse toute noire.

LA GOBERGE, LA PLIE, ETC.

La goberge est comme une petite morue, elle en a le goût, et on la fait aussi sécher. Elle a deux taches noires aux deux côtés de la tête, et les matelots disent que ce poisson est celui dans lequel saint Pierre trouva de quoi payer le tribut à l'empereur romain, pour notre Seigneur et pour lui, et que ces deux taches sont les deux endroits par où il la prit : c'est pour cela qu'ils lui ont donné le nom de *poisson Saint Pierre.* La plie de mer a la chair plus ferme et de meilleur goût que celle des rivières : on la prend, aussi bien que les hommarts, ou écrevisses de mer, avec de longs bâtons armés d'un fer pointu, terminé par une échancrure, qui empêche les poissons de se débarrasser. Enfin, en plusieurs endroits, surtout vers l'Acadie, les étangs sont remplis de truites saumonnées longues d'un pied, et de tortues de deux pieds de diamètre, dont la chair est excellente, et l'écaille supérieure rayée de blanc, de rouge et de bleu.

—

LE POISSON ARMÉ.

Parmi les poissons dont le lac Champlain et les rivières qui s'y déchargent sont remplis, M. de Champlain en a remarqué un assez singulier qu'il appelle *chaoufarou;* apparemment du nom que lui donnaient les sauvages. C'est une espèce particulière du poisson armé qu'on trouve en plusieurs autres endroits. Celui-ci a le corps à peu près de la figure d'un brochet; mais il est couvert d'une écaille à l'épreuve du poignard. Sa couleur est d'un gris argenté, et il lui sort de dessous la gueule une arête plate, dentelée, creuse, et percée par le bout : ce qui peut faire juger que c'est par là qu'il respire. La peau qui couvre cette arête est tendre, et sa longueur est proportionnée à celle du poisson, dont elle fait la troisième partie. Sa largeur est de deux doigts dans les plus petits. Les sauvages assurèrent à M. de Champlain qu'il se rencontrait de ces poissons qui avaient huit à dix pieds de largeur, mais les plus grands qu'il vit n'en avaient que cinq, et ils étaient de la grosseur de la cuisse d'un homme.

On conçoit bien qu'un tel animal est un vrai pirate parmi les habitants des eaux ; mais on ne s'imaginerait peut être pas qu'il fait aussi la guerre aux habitants des airs ; il la fait néanmoins, et en habile chasseur : voici comment. Il se cache dans les roseaux, de telle sorte qu'on ne peut voir que son arme, qu'il tient élevé perpendiculairement au-dessus de l'eau. Les oiseaux, qui viennent pour se reposer, prennent cette arme pour un roseau sec, ou un morceau de bois, et se perchent dessus. Ils n'y sont pas plus tôt que le poisson ouvre la gueule, et fait si subitement le mouvement nécessaire pour ravir sa proie, que rarement elle lui échappe. Les dents qui bordent l'arête, dont il se sert si utilement, sont assez longues et fort pointues. Les sauvages prétendent qu'elles sont un remède souverain contre le mal de tête, et qu'en piquant avec une de ces dents l'endroit où la douleur est la plus vive, on la fait passer dans l'instant même.

—

L'ESTURGEON.

L'esturgeon est ici un poisson de mer et d'eau douce ; car on en prend sur les côtes du Canada, et dans les grands lacs qui traversent le fleuve de Saint-Laurent. Bien des gens croient que c'est le véritable dauphin des anciens ; si cela est, il convenait que ce roi des poissons dominât également, et dans l'Océan et dans les rivières. Quoiqu'il en soit, on voit ici des esturgeons de huit, dix et douze pieds de long, et d'une grosseur proportionnée. Cet animal a sur la tête une espèce de couronne relevée d'un pouce, et il est couvert d'écailles d'un demi-pied de diamètre, presque ovales, et parsemées de petites figures qui approchent de celle des fleurs de lis des armes de France. Voici de quelle manière les sauvages le pêchent dans les lacs. Deux hommes sont aux extrémités d'un canot ; celui qui est derrière gouverne, l'autre se tient debout, tenant d'une main un dard auquel est attaché une longue corde dont l'autre bout est noué à une des bares du canot. Dès qu'il voit l'esturgeon à sa portée, il lui lance son dard, et tâche de prendre le défaut des écailles. Si le poisson est blessé, il fuit, et entraîne le canot avec assez de rapidité ; mais après avoir nagé l'espace d'environ cent cinquante pas, il meurt, et alors on retire la corde, et on le prent. Il y a une espèce d'esturgeon dont la chair est fort tendre et très-délicate.

—

L'ACHIGAN ET LE POISSON DORÉ.

Le fleuve de Saint-Laurent nourrit plusieurs poissons qui ne sont point connus en France. Les plus estimés sont *l'achigan* et le *poisson doré.* Les autres rivières du Canada, et surtout celles de l'Acadie, ne sont pas moins bien partagées que ce fleuve, le plus poissonneux peut-être de tout l'univers, et celui où il y a le plus de sortes de poissons, et des meilleurs. Il y a des saisons où le seul poisson pourrait nourrir toute la colonie. Mais je ne sais quelle croyance on doit donner à ce que j'ai vu dans la relation manuscrite d'un ancien voyageur qui assure avoir vu un homme marin dans la rivière de Sorel, trois lieues au-dessous de Chambly. La relation est écrite avec beaucoup de jugement; mais pour mieux constater le fait, et pour montrer qu'une première apparence ne l'a point trompé, l'auteur aurait dû ajouter à son récit la descripiton de ce monstre. On est quelquefois saisi au premier coup-d'œil d'une ressemblance qui avec des yeux attentifs et des regards réfléchis s'évanouit d'abord. Au reste, si ce poisson de figure humaine était venu de la mer, il aurait fait bien du chemin pour remonter si près de Chambly, et il serait assez surprenant qu'on ne l'eût aperçu qu'en cet endroit.

L'ANGUILLE.

En Canada, une fois l'hiver passé, la pêche et la chasse fournissent abondamment de quoi vivre à ceux qui veulent s'en donner la peine. Outre les poissons et le gibier dont je vous ai déjà parlé, le fleuve Saint-Laurent et les forêts fournissent aux habitants deux sortes de manne qui leur sont d'une grande ressource. Depuis Québec jusqu'aux trois rivières, on pêche dans le fleuve une quantité propigieuse de grosses anguilles, qui descendent, à ce qu'on prétend, du lac Ontario, où elles prennent naissance dans les marais qui sont au bord de ce lac du côté du nord; et comme elles rencontrent, ainsi que je l'ai déjà remarqué, des marsouins blancs qui leur donnent la Chasse, la plupart veulent retourner sur leurs pas ; et c'est ce qui est la cause qu'on en prend un si grand nombre. Voici de quelle manière se fait cette pêche.

Dans l'étendue du terrain que couvre la haute marée, et qu'elle laisse à sec en se retirant, on dispose des coffres de distance en distance, et on les appuie contre une palissade de claies d'osier, qui ne laisse aucun passage libre aux anguilles. De grands éperviers de même matière et de même structure sont enchassés par le bout le plus étroit dans ces coffres ; et l'autre extrémité, qui est fort large, est adossée aux claies, sur lesquelles on met par intervalle des bouquets de verdure. Lorsque le tout est couvert par la marée, les anguilles qui cherchent toujours les bords, et que la verdure attire, se trouvent en grand nombre le long de la palissade, entrent dans les éperviers, qui les conduisent dans les prisons qu'on leur a préparées; et souvent, par une seule marée, les coffres en sont remplis.

Ces anguilles sont plus grosses que les nôtres et rendent beaucoup d'huile. A quelque sauce qu'on les mette, elles conservent un goût sauvage auquel on a de la peine à s'accoutumer. Les arêtes se terminent toutes en pointe un peu recourbée, ce que je ne me rappelle pas avoir jamais vu en celles de France. La meilleure manière d'apprêter ce poisson est de le suspendre dans la cheminée, et de l'y laisser cuire lentement dans sa peau. Cette peau se lève d'elle-même, et toute l'huile s'écoule. Comme on en fait de grandes provisions pendant les trois mois que dure cette pêche, on les sale, et on les met en barrique comme les harengs.

V

ARBRES ET PLANTES.

Les Canadiens habitent au milieu des plus grandes forêts du monde; selon toutes les apparences, elles sont aussi anciennes que le monde même, et n'ont point été plantées de mains d'hommes. A la vue, rien n'est plus magnifique, les arbres se perdent dans les nues, et il y a une variété d'espèces différentes si prodigieuse, que parmi ceux mêmes qui se sont le plus appliqués à les connaître, il n'est peut être personne qui n'en ignore plus de la moitié. Quant à leur qualité, et à l'usage auquel on peut les employer, les sentiments sont si différents, et dans le pays où nous sommes, et dans celui où vous êtes, que je désespère pouvoir dire tout ce que je souhaiterais sur cet article. Je vais me borner à quelques observations sur ce que j'ai vu par moi-même, et sur ce que j'ai oui dire à des gens qui ont et plus d'expérience et plus d'habileté que moi en cette matière.

DES PINS, SAPINS ET CÈDRES.

Ce qui a d'abord le plus frappé mes yeux, en arrivant la première fois dans ce pays, ce sont les pins, les sapins et les cèdres, qui sont d'une grosseur et d'une hauteur surprenante. Il y a ici deux sortes de pins, tous produisent une résine fort propre à faire le bray et le godron. Les pins blancs, au moins quelques-uns, jettent aux extrémités les plus hautes une espèce de champignon semblable à du tondre que les habitants appellent *guarigue*, et dont les sauvages se servent avec succès contre les maux de poitrine, et contre la dyssenterie. Les pins rouges sont plus gourmeux et plus massifs, mais ne viennent pas si gros. Les terroirs qui produisent les uns et les autres ne sont pas les plus propres à produire du grain; ils sont ordinairement composés de gravier, de sable et de terre-glaise.

Il y a quatre espèces de sapin en Canada. La première ressemble à la nôtre ; les trois autres sont l'épinette blanche, l'épinette et la pérusse. La seconde et la quatrième s'élèvent fort haut, et sont excellentes pour la mâture, surtout l'épinette blanche, dont on fait aussi de bonne charpente. Elle croît ordinairement dans les terres humides et noires, mais qui, étant desséchées; peuvent porter toutes sortes de grains. Son écorce est unie et luisante, et il s'y forme de petites vessies de la grosseur d'une fève de haricot, qui contient une espèce de térébenthine souveraine pour les plaies, qu'elle guérit en très-peu de temps, et même pour les fractures. On assure qu'elle chasse la fièvre, et guérit les maux d'estomach et de poitrine. La manière d'en user est d'en mettre deux gouttes dans un bouillon. Elle a aussi la qualité de purger. C'est ce qu'on appelle à Paris le *baume blanc*.

L'épinette rouge ne ressemble en rien à l'épinette blanche. Son bois est massif, et peut être d'usage pour la construction et la charpente. Les terres où elle croît ne sont que gravier et argile. La pérusse est gommeuse, mais elle ne jette pas assez de gomme pour qu'on en puisse faire usage. Son bois dure long-temps en terre sans se pourrir, ce qui le rend très-propre à faire des clotures. Son écorce est fort bonne pour les tanneurs, et les sauvages en font une teinture qui tire sur le turquin. La plupart des terres où croit cet arbre sont argileuses; j'en ai pourtant vus de très-gros dans des terres sablonneuses; mais peut-être que sous le sable il y avait de l'argile.

Les cèdres sont de deux sortes, blancs et rouges. Ceux-là sont les plus gros : on en fait des clôtures, et c'est le bois qu'on emploie ordinairement pour faire des bardeaux à cause de sa légèreté. Il distille une espèce d'encens, mais il ne porte point de fruits semblables à ceux du mont Liban. Le cèdre rouge est plus petit, et moins gros à proportion. La différence la plus sensible qui se remarque entre l'un et l'autre, c'est que toute l'odeur du premier est dans les feuilles, et celle du second dans le bois; mais celle-ci est beaucoup plus agréable. Le cèdre, au moins le blanc, ne vient que dans de très bonnes terres.

DES CHÊNES, ERABLES, MÉRISIERS, NOYERS, HÊTRES, ETC.

Il y a partout en Canada des chênes de deux sortes, distingués par les noms de chênes blancs et de chênes rouges. Les premiers se trouvent dans les terres basses, humides, fertiles, et propres à produire des grains et des légumes. Les rouges, dont le bois est moins estimé, croissent dans les terres sèches et sablonneuses. L'un et l'autre portent du gland. L'érable est aussi très-commun en Canada, et il y en a de fort gros, dont on fait d'assez beaux meubles. Le terroir qui le produit est élevé, et le plus propre aux arbres fruitiers. On appelle ici *rhène* l'érable femelle, dont le bois est fort ondé, mais plus pâle que le mâle ; d'ailleurs, il en a toute la figure et les propriétés ; mais il lui faut un terroir humide et fertile.

L'érable donne une eau délicieuse, d'une fraîcheur admirable et fort saine. La manière de la tirer est fort simple : lorsque la sève commence à monter aux arbres, on fait une entaille dans le tronc de l'érable, et par le moyen d'un morceau de bois, qu'on y insère, sur lequel l'eau coule, comme sur une gouttière ; cette eau est reçue dans un vaisseau, qu'on met dessous. Pour qu'elle coule avec abondance, il faut qu'il y ait beaucoup de neige sur la terre, qu'il ait gelé pendant la nuit, que le ciel soit serein, et que le vent ne soit pas trop froid. Nos érables auraient peut-être la même vertu, si nous avions en France autant de neiges qu'en Canada, et si elles y duraient aussi long-temps. A mesure que la sève s'épaissit, elle coule moins, et au bout de quelque temps, elle s'arrête tout-à-fait. Il est aisé de juger qu'après une telle saignée, l'arbre ne s'en porte pas mieux ; on assure cependant qu'il la peut souffrir plusieurs années de suite. On ferait peut-être mieux de le faire reposer un ou deux ans, pour lui laisser le temps de reprendre ses forces. Mais enfin, quand il est épuisé, on en est quitte pour le couper, et son bois, ses racines, ses nœuds sont propres à bien des choses. Il faut que cet arbre soit ici bien commun, car on en brûle beaucoup.

L'eau d'érable est assez claire ; quoiqu'un peu blanchâtre, elle est extrêmement rafraîchissante, et laisse dans la bouche un petit goût de sucre fort agréable. Elle est fort amie de la poitrine ; et en quelque quantité qu'on en boive, quelqu'échauffé que l'on soit, elle ne fait point de mal. C'est qu'elle n'a point cette crudité, qui cause la pleurésie; mais, au contraire, une vertu balsamique, qui adoucit le sang, et un certain sel, qui en entretient la chaleur. On ajoute qu'elle ne se cristallise jamais; mais que si on la garde un certain temps, elle devient un excellent vinaigre. Je ne garantis point ce fait; et je sais qu'un voyageur ne doit point adopter indifféremment tout ce qu'on lui dit.

Il y a bien de l'apparence que les sauvages, qui connaissent fort bien toutes les vertus de leurs plantes, ont fait de tout temps de cette eau l'usage qu'ils en font encore aujourd'hui; mais il est certain qu'ils ne savaient pas en former le sucre, comme nous leur avons appris à le faire. Ils se contentaient de lui donner deux ou trois bouillons, pour l'épaissir un peu, et en faire une espèce de sirop, qui est assez agréable. Ce sucre fait avec attention, et il en demande beaucoup moins que le nôtre, est naturel, pectoral, ne brûle point l'estomac.

Le plane, qu'on appelle plaine en Canada, le mérisier, le frêne, et les différents noyers de différentes espèces, donnent aussi de l'eau dont on fait du sucre, mais elle rend moins, et le sucre n'en est pas aussi bon. Quelques-uns néanmoins donnent la préférence à celui qui se tire du frêne. Ains l'on trouve dans ce pays ce que Virgile dit en prédisant le renouvellement du siècle d'or, que le miel coulerait des arbres.

Le mérisier, qui se trouve pêle-mêle avec l'érable et avec le bois blanc, est très-beau pour faire des meubles; il jette beaucoup plus d'eau que l'érable, mais elle est amère, et le sucre, qu'on en fait, ne perd jamais son amertume. Les sauvages se servent de son écorce contre certaines maladies.

Il y a en canada trois sortes de frênes ; le franc, le métis et le bâtard. Le premier, qui vient parmi les érables, est propre pour la charpente, et pour faire des futailles destinées aux marchandises sèches. Le second a les mêmes propriétés, et ne vient, non plus que le bâtard, que dans les terres basses et fertiles.

On compte aussi dans ce pays trois espèces de noyers : le dur, le tendre, et un troisième qui a l'écorce très-fine. Le noyer dur produit de très petites noix, bonnes à manger, mais difficiles à vider. Son bois n'est bon qu'à brûler. Le noyer tendre a des noix longues, et aussi grosses que celles de France, mais les coques en sont très-dures. Les cerneaux en sont excellents. Le bois n'en est pas si beau que le nôtre ; mais, en revanche, il est presque incorruptible et en terre et dans l'eau, et difficile à consumer par le feu. Le troisième produit des noix de la grosseur de celles du premier, mais en plus grande quantité, amères, et renfermées dans des coques fort tendres ; on en fait de très-bonne huile. Cet arbre produit de l'eau plus sucrée que celle de l'érable, mais en petite quantité. Il ne vient, non plus que le noyer tendre, que dans les meilleurs terres.

Les hêtres sont ici fort abondants par contrées : j'en ai vu sur des coteaux sablonneux, et dans des terres basses très fertiles. Ils portent beaucoup de faines, dont il serait aisé de tirer de l'huile. Les ours en font leur principale nourriture, aussi bien que les perdrix. Le bois en est fort tendre, et bon à faire des rames pour les chaloupes ; mais les avirons de canots se font de bois d'érable. Le bois blanc, qui croît parmi les érables et les mérisiers, est très-abondant. Ces arbres viennent fort gros, et droits ; on peut en faire des planches et des madriers, et même des futailles pour les marchandises sèches. Il est doux, et fort aisé à mettre en œuvre. Les sauvages en lèvent les écorces pour couvrir leurs cabanes.

ORMES DE DEUX ESPÈCES.

Les ormes sont fort communs dans tout le pays. Il y en a de blancs et de rouges. Le bois de ceux-ci est plus difficile à travailler, mais il dure plus. C'est de l'écorce de l'orme rouge, que les Iroquois font leurs canots ; on en voit d'une seule pièce, où il peut tenir vingt hommes. Il y en a aussi de creux, ou les ours et les chats sauvages se retirent depuis le mois de novembre, jusqu'en avril.

Le tremble vient ordinairement le long des rivières et des mares.

—

ABBRES ET PLANTES PATICULIERS AU PAYS.

On trouve dans les bois les plus touffus un grand nombre de pruniers chargés de fruits, mais fort âcres. Le *vinaigrier* est un arbrisseau très-moelleux, qui produit un fruit aigre en grappes, de couleur de sang de bœuf. On les fait infuser dans de l'eau, et on en fait une espèce de vinaigre. Le *pemine* est une autre espèce d'arbrisseau qui croît le long des ruisseaux et des prairies : il porte aussi un fruit en grappes d'un rouge très-vif et astringent. Il y a trois sortes de groseilles naturelles au pays. Ce sont les mêmes qu'en France. Le bleuet est ici comme en Europe, par contrées. Ce fruit est merveilleux pour guérir en peu de temps la dyssenterie. Les sauvages le font sécher, comme on fait en France des cerises.

L'*atoca* est un fruit à pepins, de la grosseur des cerises. La plante, qui est rampante dans les marais, produit son fruit dans l'eau. Ce fruit est âcre, et on en fait des confitures. L'épine blanche se trouve le long des rivières, et produit beaucoup de fruits à trois noyaux. C'est la nourriture de plusieurs bêtes sauvages. On appelle ici *cotonnier* une plante qui pousse, comme l'asperge, à la hauteur d'environ trois pieds, et au bout de laquelle viennent plusieurs touffes de fleurs. Le matin, avant que la rosée soit tombée, on secoue ces fleurs, et il en tombe avec l'eau une espèce de miel, qui se réduit en sucre, après qu'on l'a fait bouillir. La graine se forme dans une gousse qui contient une sorte de coton.

Le *soleil* est une autre plante fort commune dans les champs des sauvages, et qui vient de la hauteur de sept à huit pieds. Sa fleur, fort grosse, a la figure de celle du souci, et la graine est rangée de même. Les sauvages, en la faisant bouillir, en tirent une huile, dont ils se graissent les cheveux. Les légumes que ces peuples cultivent le plus sont le maïs ou blé de Turquie, le haricot, les citrouilles et les melons. Ils ont une espèce de citrouilles plus petites que les nôtres, et qui ont un goût sucré. On les fait cuire toutes entières dans l'eau ou sous la cendre, et on les mange ainsi, sans y rien ajouter. Les sauvages connaissaient, avant notre arrivée dans le pays, les melons ordinaires et les melons d'eau. Les premiers sont aussi bons qu'en France, et ils y sont abondants. Le houblon et le capillaire sont aussi des productions naturelles du Canada; mais le capillaire y croît beaucoup plus haut, et il est infiniment meilleur qu'en France.

En remontant la rivière de Saint-Joseph, je remarquai quelques arbres, que je n'avais point vu ailleurs. Le plus singulier, que je pris d'abord pour un frêne à ses feuilles, devient extrêmement gros, et porte des fèves qui sont très-belles à la vue; mais on a beau les faire bouillir, elles n'en sont que plus dures, et il n'a jamais été profitable d'en faire aucun usage. Les campagnes qui environnent le fort sont tellement couvertes de sassafras, que l'air en est embaumé; mais ce n'est point un grand arbre, comme à la Caroline, ce ne sont que de petits arbrisseaux qui rampent presque à terre. Peut-être aussi ne sont-ce que des rejetons des arbres qu'on a coupés, pour défricher les environs du fort et des bourgades sauvages.

6

LE CITRONIER.

Il croît en plein sol, au Détroit, des citronniers dont les fruits ont la forme et la couleur de ceux du Portugal ; mais ils sont plus petits, et d'un goût fade ; néanmoins, confits, ils sont excellents. La racine de cet arbre est un poison mortel et très-subtil, et en même temps un antidote souverain contre la morsure des serpents. Il faut la piler et l'appliquer à l'instant sur la plaie : ce remède est prompt et immanquable.

—

L'HERBE DE LA PUCE. — SES EFFETS.

Le Détroit est une des contrées du Canada où un botaniste pourrait faire plus de découvertes. J'ai déjà observé que le Canada porduit une grande quantité de simples, qui ont de grandes vertus. On ne doute pas que les neiges n'y contribuent beaucoup, mais il y a ici une variété de terroir qui, jointe à la douceur du climat et à la liberté qu'a le soleil plus qu'ailleurs d'y échauffer la terre, parce que le pays est plus découvert, donne lieu de croire que les plantes y ont plus de force qu'en aucun autre endroit.

Un de mes conducteurs éprouva dernièrement la vertu d'une herbe qu'on rencontre partout, et dont la connaissance est des plus nécessaires aux voyageurs, non pas pour ses bonnes qualités, car je ne lui en ai encore vu attribuer aucune, mais parce qu'on ne saurait trop l'éviter. On l'appelle l'*herbe à la puce*, mais ce nom n'est pas assez expressif pour marquer les effets qu'elle produit. Ces effets sont plus ou moins sensibles, selon le tempérament de ceux qui la touchent : il en est même sur qui elle ne fait rien. Mais les uns, en la regardant seulement, sont attaqués d'une fièvre violente qui dure plus de quinze jours, et qui est accompagnée d'une gale fort incommode, et d'une grande démangeaison par tout le corps. Elle n'opère sur d'autres que quand ils la touchent; et alors la partie attaquée paraît comme toute couverte de lèpre. On en a vu qui en avaient les mains toutes perdues. On n'y connaît pas encore d'autre remède que la patience ; au bout de quelque temps tout se dissipe.

MES ESPÉRANCES

RELATION D'UN MISSIONNAIRE.

Je m'empresse de vous faire part d'une nouvelle qui vous intéressera sans doute : je veux parler du sacre de Mgr Cajetano, évêque d'Usula et vicaire apostolique de Ceylan.

Cette consécration empruntait une significative expression à la pensée des deux grands principes que représentait, réunis en lui-même, Mgr Cajetano. Né de parents indiens et d'origine indienne, ce prélat nous faisait entrevoir la possibilité de perpétuer l'épiscopat chez toutes les nations de la terre, et, sous ce rapport, rien de plus intéressant ne pouvait se passer sous nos yeux; d'un autre côté, Portugais par son éducation, il montrait de la manière la plus éclatante à ses frères égarés dans les voies du schisme, que si Rome est la maîtresse des Eglises, elle en est surtout la mère, et que, dans son impartiale tendresse, elle ne méconnaîtra jamais le plus doux de ses titres. Sous ce point de vue encore, la cérémonie du sacre renfermait un précieux encouragement, elle ranimait dans l'âme une vive espérance de paix et d'union. *Cor unum et anima una!*

Combien d'autres sujets d'espérance ne nous donne pas l'Eglise indienne! Puissent-ils encourager les chrétiens d'Europe dans les sacrifices qu'ils s'imposent en faveur des missions! Il faut avoir constaté par soi-même les fruits lointains de la pieuse association, pour bien apprécier toute son importance. Non, jamais nos compatriotes ne sentiront comme nous tout ce que leur charité produit, dans les contrées infidèles, pour la gloire de Dieu et le salut des âmes ; une lettre ne suffirait pas pour rappeler le souvenir de tous les bienfaits que cette institution répand autour de nous. Je me plais à redire, après tous mes confrères, que le modeste repas du missionnaire lui est acquis par les aumônes des associés, que si nous pouvons soulager de temps en temps les misères sans nombre qui nous entourent, c'est à eux que nous le devons ; que par leurs soins nous créons nos écoles, nous soutenons nos catéchistes, nous publions et propageons les livres nécessaires à l'instruction de nos chrétiens, et, surtout, nous formons dans la science divine les jeunes élèves du sanctuaire, cette chère et douce espérance d'un meilleur avenir pour notre clergé indigène. Ne pouvant entrer dans tous ces détails, malgré leur intérêt, je me contenterai d'ajouter que depuis la dilatation de l'OEuvre, et grâce à ses secours plus abondants, les églises, naguère si rares au milieu d'un peuple qui a consacré tant d'autels au culte du démon, se sont multipliées dans une proportion merveilleuse, sur tous les points de notre vicariat apostolique.

Au nombre de ces nouveaux sanctuaires récemment érigés ou restaurés avec les deniers de l'OEuvre, se trouve une pauvre chapelle, bien simple, bien modeste, mais qui, par l'origine qu'on lui assigne, fait trop d'honneur aux indigènes pour que je passe le fait sous silence. Voici comment on rapporte ces souvenirs traditionnels dans le pays.

Du temps d'un Nabab, ennemi des chrétiens, les pères jésuites possédaient une église à Counampaty, village du Tanjaour, habité par des *Kallers*, dont les missionnaires avaient si bien gagné la confiance, qu'ils pouvaient également compter sur les païens et sur les fidèles. Le Nabab occupait alors la contrée avec ses troupes, et comme il voulait expulser tous les pères de ses Etats, douze d'entre ces derniers se réfugièrent à Counampaty, qui se trouve isolé au milieu des bois. Instruit de leur retraite, le persécuteur se dirigea immediatement de ce côté à la tête de ses soldats, mais on en fut prévenu assez à temps, et les Kallers, chrétiens et païens, songèrent aussitôt à mettre les religieux à l'abri de ses poursuites. Ils creusèrent, à cet effet, dans la forêt voisine, une vaste fosse qu'ils recouvrirent de terre après que les missionnaires y furent descendus ; et le Nabab, voyant l'inutilité de ses recherches, se retira. Il paraît qu'ensuite les pères, n'ayant pas encore toute la liberté désirable pour exercer leur ministère dans le pays soumis à ce prince, se tinrent cachés, pendant plusieurs années, aux environs de Counampaty, qu'ils y moururent successivement et furent tous, selon leurs désirs, inhumés dans l'asile souterrain où ils avaient précédemment trouvé un refuge. Depuis, sur les instances des païens du village, un de mes confrères a restauré leur église ; avec quelques ressources de plus, il eût élevé une chapelle sur la fosse qui renferme les restes précieux des douze confesseurs.

Permettez-moi de terminer cette lettre en vous rapportant deux traits qui, sans avoir la même importance, ne sont pas moins d'un grand prix devant Dieu : ils se sont passés l'un et l'autre dans la mission de Négapatam. Il y a dans ce district une femme assez à l'aise, qui consacre ses revenus à recueillir, pour les élever dans la religion chrétienne, de pauvres enfants idolâtres, qu'elle soutient jusqu'au moment de leur mariage. Dernièrement, une autre femme, moins fortunée que la première, puisqu'elle ne possédait qu'un seul champ pour tout héritage, le vendit en faveur d'une famille catholique qui, sans cet acte de charité, allait embrasser le protestantisme pour se soustraire à la misère. Aujourd'hui cette héroïque néophyte est réduite à vivre pauvrement du travail de ses mains.

FIN.

LIMOGES. — IMPR. DE BARBOU FRÈRES.

www.ingramcontent.com/pod-product-compliance
Lightning Source LLC
Chambersburg PA
CBHW070249100426
42743CB00011B/2202